어느 날 찾아온 풍경들의 기억

우리詩 시인선 077

어느 날 찾아온 풍경들의 기억

남대희 시집

시인의 말

처음에 나는
시詩가
세상의 꿈이고 희망이었으면 했다

지금도 그렇다.

차례

시인의 말　　　　　　　　5

제1부 아침 잔디밭 모퉁이에

자화상　　　　　　　　13
포스트잇　　　　　　　14
피뢰침　　　　　　　　15
차음벽　　　　　　　　16
모기 압사　　　　　　　17
자벌레　　　　　　　　18
자두꽃　　　　　　　　19
얼음꽃　　　　　　　　20
유홍초꽃　　　　　　　21
그 자리에서　　　　　　22
토끼풀꽃　　　　　　　24
동백　　　　　　　　　25
낙화　　　　　　　　　26
목련　　　　　　　　　27
이별　　　　　　　　　28

제2부 바람을 잠재우던 시간

가을비는 수직으로 내리지 않는다	31
바람	32
바람의 언덕	33
강과 햇빛과 사람	34
화석과 바람	35
풍경	36
비 오는 날	37
가을 이슬	38
상강	39
봄 소묘	40
오월	41
봄 교실	42
봄비 오는 날	44
팔월의 강	45
가을 검색	46
봄 마중	48
하늘과 우주	49
고무신	50
지나가다	51

제3부 세월이 곁에 머물러

어느 날·1 – 봄삐알	55
어느 날·2 – 폭염	56
어느 날·3 – 은하수	57
어느 날·4	58
어느 날·5	59
어느 날·6	60
어느 날·7 – 바닥	61
어느 날·8	62
어느 날·9 – 미호천에서	63
어느 날·10 – 폭설	64
어느 날·11 – 엄마가 보고 싶었다	65
노을	66
소나기	67
바닷가	68
탱자나무 울타리	70

제4부 하늘이 살짝 흔들렸다

지우개 똥	73
읍내	74
미호천	75
둥구나무	76
자작나무 숲속으로	77
호수와 소나무	78
나는 고양이로소이다	79
어느 주검	80
비누	81
묵상	82
명예퇴직	83
이명	84
코로나 19	85
백일장을 열다	86
유행 타기	87
쉰 즈음	88
파마하는 시간	90
아내가 토마토를 사 왔다	91
그때는	92

해설
풍경이 있는 자리 林宋宇(시인·문학평론가) 95

제1부
아침 잔디밭 모퉁이에

자화상

조각구름들 작은 섬이라면
여기 나는 작은 돌고래
슬픔을 분수같이 토해 내는
진화하지 못한 포유류
억만년 원죄 어쩌지 못하는
아가미도 없는 물고기
힘찬 유영으로도 닿지 못하는
본능의 대륙붕 너머 마른 모래톱
비늘 털어 내고 지느러미 잘라 내고
뭍으로 기어오를 그날에
선혈처럼 붉은 해당화

포스트잇

우리네 사는 마을은
다 거기서 거기예요
색깔이야 각자 다르지만
서로서로 등 붙이고 살다가
떨어질 땐 쉽게 떨어져야죠
너무 꽉 붙으면 언젠가
찢어지는 아픔을 겪을지도 몰라요
이별할 땐 예쁜 기억만
살짝 메모해 두는

피뢰침

빛바랜 옥탑 우뚝한
라만차 돈키호테의 녹슨 창

햇빛 쨍쨍한 날 뜨거운 인내
지루한 기다림

폭풍우 속 번개 같은 깨달음
짜릿한 전율

하늘 땅 연결하는
수신기

차음벽

도로 곁에 성벽 하나 생기자
그만큼 올라간 하늘

민들레 씨 풍선도 팽나무도 화살나무도
분주한 박새도 높아진 하늘에 매달려
길어진 발목을 곧추세웠다

길을 잃은 소리가 허공을 맴도는 것은 어쩔 수 없는 일

소리조차 넘지 못하는 거대한 성벽 아래
곤줄박이 날개가 무참히 꺾여 있다

모기 압사

혈흔이 벽화가 된다
흡혈은 생명의 본성
역사는 벽에 새긴다

생이란
사건이었다가
사물이었다가, 다시
사건이 되는 것

자벌레

알파(α)는 어디 두고
코뚜레 같은 오메가(Ω)만 가득해

끝이라고 쓰고
최종 목적지는 지금 여기

허공을
접었다 펴고
또 접고

나뭇잎에 구멍을 내고
하늘을 끌어올 때까지

자두꽃

이른 봄
하얗게 센 머리에
비녀를 곱게 꽂은 할머니는
밭둑에 앉아서
늘 하늘만 보시더니
어느 바람 심하게 불던 날
홀연히 서쪽 하늘로 날아가셨다
할머니 가신 뒤
노을은 불타올랐고
붉은 도화가 자분자분 마을 안까지 들어와
치맛자락을 여미며 밤을 밝혔다

할머니 떠나신 지리엔 두건새기 날이와 앉았다

얼음꽃

냉혈의 후손
백혈의 유전자를 타고난 것은 숙명
투명한 소통의 가치를 지키고 싶을 뿐

햇빛에 집착하는 꽃들의 사랑
통속적이라 치부하는 것은 아니다

섣달그믐날 밤 쏟아지는 별빛을 한 올 한 올 엮어
시베리아의 냉기를 듬뿍 버무려야만
비로소 꽃이 된다
한기 가득한 물꽃이 된다

단 한 번 태양을 향해 가슴을 열고
홀연히 죽는 시린 사랑이다

유홍초꽃

보슬비 내리는 늦여름
고향 밭둑길에서
홍순이를 만났다
그 옛날 내 옆구리 쿡쿡 찌르며
한번 안아 달라고 매달리던
그렇게 발랑발랑 까졌던
그 계집애 홍순이
수십 년 동안 까맣게 잊었던 홍순이가
밭둑길 탱자나무 울타리에 걸터앉아
빨간 입술을 홀라당 까고는
배시시 웃고 있다

그 자리에서

산딸나무 하얀 꽃잎에
당신의 미소만 나비같이 남았습니다

대청호 깊은 물빛 속으로
아니, 목련원 하얀 연기로
아득한 하늘길을
서둘러 서둘러 갔습니다

물빛은 아직 차가운데
산빛은 초록을 조금씩 더해만 가는데
봄꽃은 겨우 단장을 마쳤는데

하늘이 어깨를 내리고
햇살이 웅크려 숨습니다
봄볕이 이렇게 아플 수도 있습니다

어찌합니까
님과 앉았던 그 자리에서
흔들고 흔드는 손 인사 같은

물결만 물결만 가만히 봅니다

토끼풀꽃

친정 간다고 나간 아내가
아침 잔디밭 모퉁이에 앉아 있다
재주도 없는 내게 시집와서 행여나
꽃밭에라도 앉아볼까 했을 텐데
평생을 잡풀 속에서 하얗게 늙었다
그래도 아들딸 낳고 양지바른 곳에
자리 하나 장만했으니 행복이란다
내겐 둘도 없는 행운인데

동백

구질구질한 건 질색
죽어도 모가지 팍 꺾고 따갈따갈 구를 뿐
피 한 방울 흘리지 않는
핏빛 사랑

서걱거리는 모래바람에도
북풍한설에도
자욱 하나 남지 않는
사시사철 푸른빛 놓지 않고
한 번 붉게 피었다가
뚝!
뛰어내리는 것이다
동백이

낙화

하르르
무심천 벚꽃이 지네
물 위로 지네

사람마다 가슴속 강 하나씩 품고
하르르하르르
지는 꽃잎 둥둥 싣고
무심하게 떠나네
징검징검
봄빛을 딛고 무심천 건너네

목련

물관에 숨겨둔 설국의 전설
꽃잎으로 조각되는 봄날
북쪽 하늘로 보내는 엽서*

모은 손길 사이로
뭉게구름만 눈부셔

다시 푸른 시절이 오고
참혹한 낙화의 시간이 오면

지는 꽃잎과 함께
아지랑이로 흐르는 사랑

* 목련꽃은 북쪽을 향해서 핀다.

이별

장미가 담장을 에워쌌다
횃불 하나씩 들고 성벽을 치고
가시를 품은 물방울이 아리게 투명하고

바람이 엉겅퀴 꽃대를 흔들고
토끼풀 잎을 들추고
나비의 날갯짓에 반짝이는 향기
구름 속에도 정원이 있어
하늘 깊이 뿌리를 내렸다

소매 사이로 파고드는 매미 소리
비둘기가 하늘로 솟아오르자
허공이 파문을 내며 아득히 멀어졌다

정물이 된 시간이 조각조각
흩어지고 있다

제2부
바람을 잠재우던 시간

가을비는 수직으로 내리지 않는다

수직은 눈물이다
높은 벽이다
벽 안으로 들어갈 수는 있어도
넘을 수는 없다
벽으로 나를 가둔다
벽 밖은 고기압골에 놓여 있다고
기상 캐스터는 말했다
벽 안은 저기압
마굿간을 돌아 나온 구름이 툇마루 끝을 어정거렸다
비로소 바람이 누웠다
비도 따라 누웠다
펄럭거리며 벽이 커튼 속으로 사라졌다
커튼은 사선으로 팔락이다가
은행나무를 몇 바퀴 돌아
노랗게 발가벗겨 놓고 흥건히 적셔 놓고
다시, 가을은
비가 되어 내렸다

바람

여긴 문이 없어
쉴 수도 없어
헐렁이는 신발과
치렁치렁한 셔츠와
뒤집히는 치마와 산발한 머리카락만 가득해

담을 쌓고
정원에 측백나무 한 그루 심고
마냥 기다려

흔들리고 흔들리면 언제 점 하나 찍을 수 있을까
오동나무 심장 가질 수 있을까
대나무 같은 뿌리 얻을 수 있을까

텅 빈 들판을 서성이다
잠든 풀잎을 깨우고 싶진 않아
단 하루만이라도 팔베개가 될 수 있다면

바람의 언덕

바람이 언제나 먼저 와 있다

가지산 계곡 기억들을 싣고
단장천이 따라오고
계령산 느린 능선이 애기 걸음으로 다가온다

청솔가지 휘돌아 바람이 빠져나가면
아버지 비석엔 돌옷이 말라 있다

어머니 청상의 세월은
바람으로 바람을 잠재우던 시간이었다

흐르다가 흐르다가
그렇게 바람 같은 세월은
팔월의 뭉게구름처럼 모여 모여
시퍼렇게 멍든 하늘을 지켜 내고 있다

강과 햇빛과 사람

강가 산책길에
햇살이 내린다
바람이 나뭇가지에 걸려 덜컥거린다
저쪽으로 사람이 가고 온다
한 사람은 가고
한 사람은 온다
한 사람은 점점 멀어지고
한 사람은 점점 가까워진다
한 사람은 아련해지고
한 사람은 선명해 진다
한 사람은 뒤로 사라져 보이지 않고
한 사람은 앞에서 멀어져 보이지 않고
강물은 햇빛이 젖기 전에 떠민다
떠밀린 햇빛이 강의 등뼈로 곤추선다

화석과 바람

숨을 멈춘 지 몇 년
그것은 역사 이전의 사건

명치끝 잔뜩 힘주고
어금니 꽉 깨물고
참았다가 확 뱉어 낼 때

큰 짐승은 발목을 자르고 떠나고
새들은 날갯죽지를 구겨 넣고 떠나고

숨조차 꽁꽁 잠긴 시절 그렇게…

바람은 낱낱이 헤아려 지우려고 할 뿐

풍경

능수버들 사이 물안개 자욱한데
새벽마다 머리 내밀고
창공을 유영하는 꿈을
꾸었던 시절이었다
끝내 중력을 이기지 못해
물 위에 파문만 내던 시절이었다

꿈은
마른하늘에서도 지느러미를 세우고
그림 같은 풍경을 그려 낸다
창공에 풍경을 만들고
스스로 갇힌 허공에 바람을 끌어와
소리로 파문을 내는 붕어 한 마리

비 오는 날

숲속 초목들 운다
개복숭아 나무가
망개 넝쿨이
산수국 돌배나무
온몸 눈물범벅 되어 운다
체면 가식 다 버리고
한 번쯤 울어 보라고
천둥처럼 통곡해 보라고

회초리 자국 어루만지며
눈물 떨구시던
엄니 그리워서
숨이 우는 청개구리 곁에 서서
그렇게 울고 싶다

가을 이슬

어제 본 하늘빛이
파랗기에

아침에 내린 이슬
파랄까? 하고
뜰 앞에 나섰더니

풀잎에 앉은
영롱한 이슬방울
온 가을 담고 있네

상강

하늘은 한 뼘쯤 멀다
빛깔 곱게 물러난 하늘로 새들이 스민다
바람 흩어지는 곳으로 마른 낙엽이 따르고
푸르게 달려온 갈대는 푸석한 머리를 하얗게 풀었다
와삭거리는 허리를 흔들어 보아도 시간은
물결같이 흐르고, 물빛은 햇살같이 빛나고
강아지풀 마른 잎에도 하얀 물꽃이 피는

봄 소묘

산벚나무 꽃잎 흩날리고

멧비둘기 울음 골짜기 가득 고이다

나뭇가지 사이 햇살에
연둣물 뚝뚝 배다

진달래 환한 산길에
암소와 노인 나란히 걸어가다

오월

연둣빛 환한 아침

하늘 능선 빈틈없고

전깃줄에 잘린 앞산
참새 몇 마리 걸어 놓고

움푹 파인 골짜기로 꽃 진 산벚나무
거뭇거뭇 걸어 나오고

장끼 한 마리 솟구친 위로
구름이 몽실몽실

봄 교실

비 그치고
산기슭이 봄을 꺼내 들었다
아직, 물기 뚝뚝 흐르는 파릇한 새봄이다

햇살에 허공이 파랑을 내고
바람결에 목련은
교복 같은 미소를 올망졸망 피웠다

지난가을 가슴 열고
하늘을 품었던 왕버들의 팔뚝이
연둣빛으로 울컥거린다

그냥 보내는 세월은 없다
가슴 열지 않았다면
저 푸른 별빛, 저 맑은 허공을 품지 못했다면
눈부신 연둣빛 속살 어찌 얻었으랴

비 그치고
호수가 올챙이 앞다리를 까맣게 키우는

향기마다 빛 고운 촉촉한 새봄이다

봄비 오는 날

두더지 굴 입구가 무너졌다
처음부터 기둥은 없어
여린 물방울에도 물컹거리며
흘러내렸다

한때는 빙벽이었고 미끄러웠고
차가웠고 어두웠다

우수 경칩 지나고
회색 울타리 새싹이 돋고
연둣빛 기운 모락모락 훈기를 모았다

허공을 빗질해 풀잎을 씻고
말갛게 씻긴 매화 가지 어느새
쿨럭쿨럭 입덧을 했다

팔월의 강

강물도 천천히 흐르고
새들의 발자국 더 깊고
돌들도 발목을 걷고
아이들도 아지랑이같이 걸었다
햇살도 까치발로 걷고
바람도 그늘 찾아 숨는 팔월

소나기라도 내리면
빗줄기 타고 오른 송사리 떼
무지갯빛 하늘 가득 비늘을 털어놓던 그 강가

거품 뭉개며 쏟아 내는 저 말들, 말들

강물처럼 휘돌던 세월
초록이 고이고 고여 가슴마저
현현玄玄해지던 팔월의 그 강

가을 검객

창밖에서 서성거렸다
눈을 맞추자
사정없이 눈알을 찔렀다

창가 화분에 앉은 쑥부쟁이 이미
쨍쨍한 마법에 걸려 길어진 목을 내밀고

견고하고 깊은 거미줄 함정에도
눈 하나 깜짝 않고
이슬을 보석으로 바꾸어
백성들을 회유한 지 오래

단풍나무 은행나무 팽나무들
화살 같은 이파리로 대적하게 했으나
빨갛게 노랗게 마음을 주고 말았으니

밀짚모자 속에 숨겨 둔
허심의 비법이라도 전수 받아야 할까

저만치 우두컨한 입동

봄 마중

아직은 마른 바람이 목덜미를 물고 따르지만
시냇가로 나왔다

보이지 않지만 낌새가 있다
마른 풀숲에
목련 가지 끝에
냇가 버들강아지에

한 번도
떠난 적이 없다
늘 그 자리에 있었고 단지
내복을 껴입고 외투를 바꾸고
운동 시간을 조금 바꾸고
실내 온도를 높이고
듣는 음악의 장르만 바꿨을 뿐

마른풀 속에 파랗게 움트는 봄빛
어디에도 다녀온 것이 아니라
그 자리에서 옷깃만 여미고 있었다

하늘과 우주

구름이 떠 있고
새들이 날고 바람이 흐르고
고인 시간이 창공에 가득해

시간은 말랑한 물질
달리는 우주에 시간을 빼면
공간이 함께 사라져*

구름이 모이고 햇살이 내리고
낙엽이 지는 것은
바람 때문이 아니라
그냥 그럴 뿐

* 시時공간에서 시간과 공간은 불가분이다.

고무신

오월 햇살 보듬어
햇보리 누렇게 익어가는 시절
이장댁 담장에
흐드러진 장미 송이

이장댁 손녀딸
서울로 전학 갈 때
여린 손 떨며
꺾어 주던 장미 송이

붉어진 얼굴 감추려
고무신 벗어 들고
내달린 들길엔
엉겅퀴꽃 빨갛게 물들고 있었지

명절마다
신작로 정류장 앞
땅바닥만 쿡쿡 파던
검정 고무신

지나가다

차창 밖으로 풍경이 지나간다
구름이 흐르고 전봇대가 지나간다
내가 풍경 속으로 지나간다
강물같이 지나간다
구름같이 지나간다
바람같이 지나간다
아직 잔설이 남아 있는 산꼭대기
멀리서 멀리멀리 간다
대지가 푸른빛을 머금고 차창가로 왔다가 멀어진다
다리를 건너 강물을 지나간다
반짝이는 수면이 흐른다
마른 풀잎들이 바람에 눕다가
힘겹게 일어선다
강물같이 구름같이 바람같이 갔다
철길같이 평행선만 놓고 갔다

그리고, 봄은 다시 왔다

제3부
세월이 곁에 머물러

어느 날 · 1
- 봄 삐알

노란 꽃 곁에
하얀 꽃
곁에 분홍 꽃
지나 파란 풀밭
바람이 흔드는 측백나무 그늘
건너 아지랑이 사이
연둣빛 솜털

산등뺑이 굴러오는
산비둘기 울음

허공에 가득 고인
라일라 향기
콧등 찡한 봄날

어느 날 · 2
- 폭염

지구가 말랑해지고
강물도 진득이 흐르고
새들의 발자국이 따갈따갈 구르고
돌들도 발목을 걷고 걷고
사람들의 걸음은 녹아내려
아지랑이같이 걸었다

어느 날 · 3
- 은하수

어느 여름날
대청호 수면 위로
소나기가 쏟아졌다
물속에 있던 송사리들이
빗줄기를 타고 하늘로 올라가는 것이다
그날 밤 비가 그치자
송사리 떼가 하늘 가득
비늘을 털어놓았다

어느 날 · 4

산꼭대기 나무들이
바닷가로 내려왔다
깜짝 놀란 갯벌 함초들
바닷속으로 숨어들자
미역, 다시마, 파래들이
산으로 올라가서
이끼가 되겠다고 아우성이다

어느 날·5

낙영산 자락
공림사에 가면
요사채 뒤쪽에
천년 느티나무가 있는데, 어느 날
"천년 그 긴 세월을 어떻게 건너왔냐?"라고 물었더니
마른 가지 하나 툭 던지고 하는 말이
"세월이 곁에 머물러 주었을 뿐"이라고

어느 날 · 6

해마다 한 번씩
도원길 은행나무 가로수들이
삭발하고 농성을 하는데
그들의 주장은
옆에 서 있는 전봇대를 옮겨 주든지
아니면 자기들을 이주 시켜 달라는 것이었다

조건 지워진 모든 것들에 대하여
생각해 보는 어느 날

어느 날 · 7
- 바닥

도로가 움푹 파여 빗물이 고였다

어디에도 스미지 못하고
흐르지도 못하고 고인 빗물 같은 사람들
새벽마다 드럼통 불꽃만 바라보며
꾸역꾸역 모여 있다

누렇게 고인 빗물 속에도
맑은 하늘이 들어와 앉았다

어느 날 · 8

까만 고무 봉지
대추나무에 걸려
제 몸 부풀리고 있다

남아 있는 포도 향기
바람이 다 긁어 가는 줄도 모르고

참새 떼 서로 분주하고

나무 아래 밭고랑
파꽃이 허옇게 피어 있다

어느 날 · 9
- 미호천에서

하늘이 산머리를 쏙 베어 먹고
구름으로 덮어 놓았다

그 앞으로
기러기 떼 줄 서 있고

미호천 갈대밭은
쏴아 쏴아
연신 몸 씻는 소리만 내고

어느 날 · 10
- 폭설

산골 마을에
적막이 쌓이네

솔가지 몸 털 때마다
적막이 적막을 깨네

산 너머 도시 요란한 소음들
하늘로 날아 오르더니
하얀 적막으로 내리네

어느 날 · 11
- 엄마가 보고 싶었다

그때 단장천은 까마득했다
낮은 콘크리트 다리는 포장되지 않은
양쪽 한길을 붙잡느라 늘 지쳐 있었다

천변 늙은 모과나무 곁으로
직박구리, 곤줄박이, 박새, 물총새들
모여들면 물속은 한층 요란스럽고

밤엔 올빼미와 부엉이까지 찾아와
불을 켤 때면
반딧불이가 달빛과 함께 수면 위에
은하수 같은 수를 놓았다

단장천 콘크리트 다리에서
소년은 마지막 손을 흔들었고
그 후 한 번도 동거를 이루지 못했다

시간도, 강물도 흘러 흘렀어도
추억은 박제로 남아 있다

노을

구름은 하늘에 고인 물
서쪽 하늘은
거대한 호수
붉게 끓는 호수

지평선 팽팽한 저녁

비행기 하나 노를 젓는다

소나기

물의 직립

아니,
갈릴리 호수를 걷는 예수 발자국

바닷가

1.
싸락눈 내린 겨울 바닷가
먼바다 돌아온 어족들 뭍으로 기어올라
배 속까지 비워 내고
앙상한 뼈로 물구나무를 선 듯
메타세쿼이아 하얗게 절여져 있네

2.
태평양 어느 섬에서
쏟아지는 별빛 돌돌 말아
접영으로 달려왔는지
모래밭에 혀 내밀고 엎드린 파도
보글보글 물거품 뱉어 낼 때
반짝이는 눈부신 포말

3.
불 밝혀 들고
밤새워 기다리던 등대
회색빛 하늘에 머리 박고 조는데

갈매기는 곁에서 목 놓아 우네
오래전 떠난 형은
언제나 올까

탱자나무 울타리

마알간 하늘로
참새 무리 한입 뱉어 내는

온몸 가시로
촘촘히 거부하는

달면 삼키고 쓰면 뱉는 세상

그래도 침 고이는 사랑은 고와서
노오란 열매들
동글동글 품고 있는

제4부
하늘이 살짝 흔들렸다

지우개 똥

'이별'이라 쓰고
지우개로 문지르면 지우개도 아픈지
하얀 몸 까맣게 태우며
'이별'을 돌돌 감고 쓰러지네

책상 위 지우개 똥
거룩한 성자의 이름도
화려한 스타의 이름도
억만장자 이름도 돌돌 말아 흩어져 있네

몸 문질러 지워 낸 자리
하얗게 비워지네

나도 누군가의 허물 돌돌 말아
지워 내고 남은 지우개 똥이라도 좋겠네

읍내

교회 첨탑 십자가 위
비둘기 날아가고
하늘이 살짝 흔들렸다

유리창은 노을로 물들고
도시는 화장을 고치고
첨탑 너머 목욕탕 간판이
덩달아 번쩍이고

노인 몇 태운 마을버스
꽁무니 탈탈 흔들며 지나가고

포플러 잘린 가지도
새잎을 내밀고, 그것을
노을이 가만히 만지고 갔다

미호천

백로가
백 년 동안
이 강을 찾는 까닭이 있었다
묘천이 미호천이 될 때까지
발목을 잘라 가는 강물 위에서
외다리로 서는 법을 익히기 위해서였다

* 묘천이라는 이름이 미호천으로 변하였다는 전언이 있다. 청주와 오창 사이를 가로질러 흐르는 강

둥구나무

무수한 혀가 있다는 것
그 혀만큼 세상을 맛볼 수 있다는 것

휘파람 불고 노래하고
집을 짓고 연애도 하고

숭숭한 몸집 세월만큼 부풀었지만
어둠이 골목을 숨길 때까지
떠나간 새들은 돌아오질 않았고

구름이 걸터앉고 무지개가 놀다 가는 날엔
서산에 환하게 걸리는 눈빛과
가지마다 열리는 붉은 노을

자작나무 숲속으로

바람에 흔들리는 하늘
백만 기병의 깃발

거병의 순간
가부키 몸짓 같은 축제

동여맨 은빛 붕대 사이
툭툭 터져 나오는 환호성

주술 같은
긴 바람 소리 가득 품은

자작나무 숲에 첫눈이 내린다

호수와 소나무

호수가 보이는 언덕
늙은 소나무
상처가 마를 날이 없는데
폐병 앓던 순애가
나뭇가지가 되던 날
짙은 송진 냄새를 남겼다

시간은 진득거리며 가고
진득한 송진도 반짝이는 빛을 낼 수 있다는 것을
그땐 몰랐다
배롱나무 붉게 물들 때쯤
내 그림자도 호수와 함께 물들어 갔다

바람이 식고 하늘 높던 시절
서쪽 하늘같이 가라앉았지만

통점으로 남은 그 물가
갈대 스치는 소리 아련하다

나는 고양이로소이다*

양철 지붕에 햇살이 튕기고
마른 발바닥으로 햇살을 밟고 있는

회색 털 사이로 파고든 햇빛이
꼬리를 잘라 가고 눈알을 빼 가는 줄도 모르고
바람 따라 귀만 쫑긋거리고 있는

섣달그믐 몰려올 어둠은
산자락을 베물고 그림자를 조금씩 키우고 있는

애완으로 변해 버린
야생의 본능을 바람이 쿡쿡 찔러보고 있는

한 호모사피엔스가 햇살을 밟고 서 있는
한 고양이를 바라보고 있는 오후다

* 나쓰메 소세키의 장편소설

어느 주검

참새가 죽었다
한 뼘도 안 되는 풀들도 함께 죽었다
아직 어깻죽지의 근육은 하늘로 치솟아 있고
잔털은 바람을 불러 세우는데
분주했던 공중의 날들
기록되지 않을 역사이며
깃털같이 가벼운 생이었지만
별것 아닌 생이 어디 있냐고
길 없는 하늘에 길을 내며
한 뼘 한 뼘 걸어온 허공이 모두 길이 되기까지
새털 같은 날들 그렇게 다녔다면
창공도 깃털로 낸 한 길

어느 외로운 주검에 관한 기사가
인터넷 뉴스 모퉁이에서
광고 박스에 눌려 있다

비누

대리석 위를 걷는 경쾌한 맵시
본 적 있나요

만지지 말아요
커지는 것들은 모두 거품이에요
이는 거품만큼 자꾸만 작아져요

모양은 취향일지 몰라도
향기는 숙명이에요

오늘 하루도
젖은 몸 말리며
거품을 지울 거예요

묵상

나는 지금

토끼풀의 조바심에 대하여
개망초 꽃의 허기짐에 대하여
수선화의 상한 자존심에 대하여
소금쟁이 발자국의 가벼움에 대하여
출렁이는 호수의 분주함에 대하여
민들레 꽃씨의 불안함에 대하여
왕버들 가지에 앉은 잠자리의 초조함에 대하여
처마 밑에 길목을 만들고 하염없이 지키는
거미의 소망에 대하여

명예퇴직

농로를 지나고 농가를 지나고
탱자나무 울타리 밭둑길도 지나고
찔레꽃 둔덕을 지나
철쭉꽃 골짜기를 건너
억새풀 들판을 지나고
바윗길도 지나
가파른 절벽을 돌아 산마루

허허로운 허공

지나온 것들 햇살에 반짝이고 있을 뿐

이명

울창한 숲
매미 떼가 때 없이 울고
전깃줄 위에서
바람이 팽팽하게 시위를 당긴다
댓잎 비비는 소리
베갯머리에서 춤을 추고
급기야
파도가 밀려오고 뱃고동 소리가
눈까풀을 열고 쏟아진다

코로나 19

사람들 얼굴에 코와 입이 사라졌다
까만 눈만 동동 떠 있다
만질 수도 없고 보이지도 않는 것들
얼굴을 갉아먹고 하얀 헝겊으로 가려 놓았다

백일장을 열다

청풍호는 반짝이는 등을 내밀며
금침이라 자랑했다

도담 삼봉은 조용히
침묵만 지켰다

바람이 표현하는 문장은 난해해서
능수버들이 번역본을 준비하고
가문비잎이 인용하여 허공에 양각을 했다

전국 각지에서 모여든 시인들
술과 노래로 분위기를 잡더니
급기야, 온몸으로 의성어 의태어를
난발하며 종일 퇴고를 거듭했다

어둑해지자 서산 자락에
떠다니던 구름이 남은 햇살을 끌고 와
노을을 펼쳐 놓았다
장원이다

유행 타기

동네 병원도 유행을 탄다
환절기 감기며 진한 독감들은 유행성이다

아내는 유행을 좋아한다
철마다 옷 한 벌씩은 유행을 타야 한다

요즘 온라인 뜨개방이 유행이라며 옆구리에 털실 뭉치를 달고 살더니 근사한 가방으로 바꾸어 놓았다 유행을 좋아하는 아내와 동네 병원에 갔다 대기실엔 유행 타는 사람들 빼곡했는데, 아내가 젊은 여자와 오묘한 미소를 보내며 눈인사를 하고 묵례까지 나눈다 아는 사람이냐고 물으니 모른단다 그러면서 그 오묘한 미소를 다시 지으며 그녀의 옆구리를 턱으로 가리킨다. 그녀의 옆구리엔 아내의 실 가방과 똑같은 가방이 들려 있다.

아하, 이심전심 유행 타는 사람끼리

쉰 즈음

바람이 분다

매화 산수유 진달래가 웃는다
나무가 흔들리고 잎들이 바르르 떤다
들판 가득한 햇살이 바람을 버무려 아지랑이를 피운다
조팝이 하얗게 웃고, 덩달아 칸나가 빨간 입술을 내민다
다시 바람이 불고,
온 산이 바람 소리로 귀머거리가 되었다

아무것도 하지 않으면 아무 일도 일어나지 않는 것
바람이 불지 않으면 발자국 하나도 지울 수 없는 것

언제쯤
네가 나를 안다고 할까
내가 너를 안다고 할까
내가 나를 아는 날이 올까
하늘이 파란 수십억 년 전부터
그것은 우리 뜻과 상관없는 일

안다는 것은 아메바의 몸짓 같은 것

아직도 바람은 불고

파마하는 시간

기둥에 기대어
온종일 돌아요
돌아야 말랑한 시간이 돋아나요
자르는 소리 들려요

웃자라고 덥수룩한 것들
싹둑싹둑 잘려 나가요
바닥엔 잘린 것들
시꺼멓게 널브러졌어요

헝클어지고 꼬인 것들
뽀글뽀글 말아서 숨기고
고운 빛깔로 물들여 치장도 해요

똬리를 틀고 엉킨 것들
미용실에 앉아 길게 빗질해 보는
느슨한 오후예요

아내가 토마토를 사왔다

아내가 사온 토마토
발그레 통통 시집온 날 그녀 같다

두 개의 방엔 씨앗들 올망졸망
부드러운 과즙 가득해

그녀를 처음 안았을 때 파도 소리를 내며 넘실거렸고
나는 붉은 햇살보다 뜨거웠다

아내는 시집올 때 이미 크고 싱싱한 토마토 한 알
곱게 품고 왔다

그때는

하늘이 붉게 물들면
골목마다 아이들 부르는 소리 요란했지
라디오 소리 아궁이로 들어가
타닥타닥 여물 익히는 시간이었어

쟁기질 끝으로 돌아오신 아버지
누렁이 목덜미 쓰다듬어 주시면
워낭 소리 노을 속으로 나풀나풀 날아가고

탱자나무 밑으로 콩새들 파고들면
달구가래*에 병아리 불러 모으고
저녁밥 누룽지 눋는 냄새 굴뚝으로 하얗게 빠져나오는 시간
어머니 머릿수건으로 그을음 탁탁 털고 나오시면

동아 전과 요점 정리같이
일목요연해지는 하루

* 달구가래 : 어리의 방언

해설

풍경이 있는 자리

林采宇(시인·문학평론가)

　예부터 시에서 풍경은 독보적인 자리를 차지하고 있었다. 중국의 한시漢詩나 한국 한문학에서는 '전경후정前景後情'이라 하여 앞에 풍경을 내세우고 뒤에 시인의 정서를 피력하는 것이 정석이었다. 또한, 시의 고전적 분류에 의하면 시를 내용상 서경시, 서정시, 극시로 나눌 수 있다고 배웠다. 여기서 서경시란 경치를 읊은 시이고, 서정시는 시인의 정서를 펼치는 시를 말하며, 극시는 극적인 내용을 시적 언어로 표현한 시다. 그러나 서경과 서정이 전부인 시가 과연 존재할 수 있는가. 아무리 경치를 내세우는 서경시라 하더라도 시인이 정서를 피력하기 위해 선택한 풍경이라면 결국 서정시와 무엇이 다른가. 요즘은 시의 내용상 분류를 서정시, 서사시, 극시로 문학교육 일선에서 가르치고 있는 것으로 안다. 이처럼 서정시는 풍경을 전면에 내세우거나, 풍경 자체가 시인의 정서나 시적 분위기를 형성하기도 한다. 특히나 동양의 전통적 사유가 사물을 관조적 태도를 견지하며 거리를 유지하기 때문에 풍경이 온전히 드러난다. 그러나 현대시는 시의 대상보다는 주체를 강조하기 때문에 대상에 대한 분석적

성찰 속에 풍경이 현저하게 줄어들거나 변형되어 나타난다.

풍경은 산이나 들, 강, 바다 따위의 자연이나 지역의 모습이다. 풍경은 어떤 정경이나 상황을 뜻하기도 하고, 미술에서 자연의 경치를 그린 그림을 말한다. 풍경風景의 풍風이 바람이고, 경景이 빛, 햇볕을 의미한다. 풍경이란 '바람과 햇볕'이란 말로, 이것에 의해 드러나는 모든 것이 풍경이 된다. 즉 시에서 견자인 주체가 바라보는 눈앞의 정경이 풍경이다.

풍경이 어떻게 시가 되는가. 옛 시에서는 풍경은 단지 시인의 서정을 위한 배경에 불과했다. 오늘날 소설 문학에서는 풍경이 흔적 기관처럼 남아 있다. 소설에서 배경 묘사는 인물과 사건의 출현을 예비하는 선도적 역할을 수행한다. 그러나 복잡다단한 현대시에서 풍경과 정서의 자리가 따로국밥처럼 구별되는 시를 쓰는 시인은 드물다. 현대시에 나타난 풍경은 시인들의 분열된 의식에 의해 자연 그대로의 것이 아니다. 그런데도 시인들은 풍경을 여전히 고수한다. 시인이 관조적으로 자연을 바라보며 시심이 놓일 자리를 예비할 때, 풍경은 영롱한 언어 속에 빛을 발한다. 우리는 이런 시를 풍경시라 한다. 눈치채셨겠지만 바로 이 시집의 시인이 풍경시에 매우 뛰어난, 그야말로 일가견이 있는 사람이다. 그의 시의 풍경은 아름다울 뿐만 아니라, 그 함의하는 바나 정서의 들고 남이 절대 범상치 않다. 이를 입증하기 위해서, 이 시집에서 아무 데나 가리지 않고 펼쳐 본 시 「명예퇴직」 전문이다.

> 농로를 지나고 농가를 지나고
> 탱자나무 울타리 밭둑길도 지나고
> 찔레꽃 둔덕을 지나
> 철쭉꽃 골짜기를 건너
> 억새풀 들판을 지나고
> 바위길도 지나
> 가파른 절벽을 돌아 산마루
>
> 허허로운 허공
>
> 지나온 것들 햇살에 반짝이고 있을 뿐
>   – 「명예퇴직」 전문

이 시에서 '명예퇴직'이란 제목이 없다면, 이 풍경들이 무엇을 함의하는지, 주체의 정서가 무엇인지 도무지 알 수가 없다. 명예퇴직이란 다니던 직장에서 정년이 되기 전에 후배들에게 자리를 물려주기 위하여 조기 퇴직하는 제도를 말한다. 명예퇴직이란 말은 아름답되 기실은 직장에서 쫓겨난 것이기에 허울을 뒤집어쓴 당사자

의 쓸쓸하고 암담한 마음이야 어찌 말로 표현할 수 있으랴. 시인은 명예퇴직자가 일터에서 조우했음 직한 그간의 삶의 고비들을 자연물로 대체하고 있다. 이런 자연과의 만남과 헤어짐의 뒤에 "허허로운 허공"이 결코 아름다운 풍경이 될 수는 없겠다. 자신이 "지나온 것들 햇살에 반짝이고 있을 뿐"이라는 공허한 박탈감, 또는 허무의 일단은 "허허로운 허공"과 잘 조합된다. 이 시는 목에 핏대를 세우며 사회 정의를 부르짖는, 자신의 일자리 박탈에 대한 백 마디 고별사보다 훨씬 함의하는 바나, 정서의 간절함이 크다. 풍경시라 해서 음풍농월식의 풍경이나 읊조리는 것이 아니다. 시인이 추구하는 풍경시는 시인의 아름다운 심성과 자연과 언어가 놓일 자리에 놓이는 시이다.

이 시집에 나타난 풍경시를 대략 풍경이 놓인 자리와 풍경과 주체와의 거리에 의해 나누어 살펴보고, 아울러 이 시집에 나타난 풍경시의 몇 가지 점에 대해서 분석하고자 한다.

첫째, 주체의 정서가 겉으로 드러나지 않고 풍경만으로 된 시편들이 있다.

연둣빛 환한 아침

하늘 능선 빈틈없고

전깃줄에 잘린 앞산
참새 몇 마리 걸어 놓고

움푹 파인 골짜기로 꽃 진 산벚나무
거뭇거뭇 걸어 나오고

장끼 한 마리 솟구친 위로
구름이 몽실몽실
        – 「오월」 전문

하늘은 한 뼘쯤 멀다
빛깔 곱게 물러난 하늘로 새들이 스민다
바람 흩어지는 곳으로 마른 낙엽이 따르고
푸르게 달려온 갈대는 푸석한 머리를 하얗게 풀었다
와삭거리는 허리를 흔들어 보아도 시간은
물결같이 흐르고, 물빛은 햇살같이 빛나고
강아지풀 마른 잎에도 하얀 물꽃이 피는
        – 「상강」 전문

하늘이 산머리를 쏙 베어 먹고
구름으로 덮어 놓았다

그 앞으로

기러기 떼 줄 서 있고

미호천 갈대밭은

쏴아 쏴아

연신 몸 씻는 소리만 내고

– 「어느 날 · 9」 전문

  시 「오월」은 어느 늦봄 아침 산 풍경이다. 산은 연둣빛으로 환하며, 선명한 하늘에 비친 공제선, 전깃줄에 앉은 참새, 꽃 진 산벚나무, 장끼 한 마리 나는 하늘의 구름을 시선의 이동에 따라 그리고 있다. 산뜻한 오월의 이미지들이다. 시 「상강」은 이십사절기의 하나인 상강霜降(한로寒露와 입동立冬 사이에 들며, 아침과 저녁에 기온이 내려가고, 서리가 내리기 시작할 무렵이다. 10월 23일경이다)의 풍경으로 하늘, 새, 낙엽, 갈대, 강아지풀 마른 잎 위 물꽃(이슬)의 이미지 조합으로 풍경을 아로새기고 있다. '미호천에서'라는 구체적 장소가 부제로 붙은 시 「어느 날 · 9」는 미호천의 가을 풍경이다. 산허리를 덮은 구름, 기러기 떼 줄지어 날고, 미호천 갈대밭의 몸 씻는 소리(갈대밭에 호숫물이 와 닿아 나는 소리가 아니라 갈대밭이 바람에 휩쓸리며 나는 소리이다)를 시각과 청각을 동원해 아름다운 미호천의 가을 풍경을 그리고 있다.

이 시들은 견자로서 시인이 아름다운 자연의 풍경을 한 폭의 수채화처럼 그리고 있다. 이 시들의 풍경에는 인간이 등장하지 않는다. 주체는 눈에 보이는 대로 사물을 나열하고 있을 뿐, 자신이 이 풍경이 자아내는 정서나 상황을 추측할 만한 작은 기미도 억제하고 있다. 시인의 논리는 이렇다. 풍경 자체가 시이다. 무수히 많은 시적 대상 중에서 각별한 사물과 풍경을 선택한 주체의 안목이 주체 의식을 대변한다. 이 논리가 타당하다면, 그의 시 속의 풍경들은 원관념을 생략한 은유의 보조관념에 불과하며, 풍경의 나열은 제유적 수법으로 시행 늘리기에 해당한다. 풍경의 원관념은 누구의 몫이냐고? 그거야 말할 것도 없이 독자가 유추해서 끄집어낼 일이다. 주체의 시각은 다분히 관조이다. 풍경과 주체는 관조적인 거리 확보를 위해 저만치 떨어져 있다. 그 때문에 주체의 주관적 정서가 드러나지 않는다. 또한, 풍경만을 그리되 앞시처럼 주체의 내면을 전혀 표현하지 않거나 극도로 자제하기 때문에 시가 간결하다. 마치 한시에서처럼 전경前景만으로 한 편의 시가 구축되어 있다. 이것은 다분히 의도적인 창작 기법이다. 시인은 풍경과 맑은 시어를 통해 순전한 세계를 추구한다. 맑고 아름다운 시인의 시 세계는 동시童詩의 세계를 지향한 듯 보인다. 그러나 이 말은 또 다른 주제라 언급을 자제하겠다.

　둘째, 이 시집의 풍경시 가운데 가장 큰 비중을 차지하고 있는, 풍경이 있고 주체의 정서가 표출된 시편이다.

> 강물도 천천히 흐르고
> 새들의 발자국 더 깊고
> 돌들도 발목을 걷고
> 아이들도 아지랑이같이 걸었다
> 햇살도 까치발로 걷고
> 바람도 그늘 찾아 숨는 팔월
>
> 소나기라도 내리면
> 빗줄기 타고 오른 송사리 떼
> 무지갯빛 하늘 가득 비늘을 털어놓던 그 강가
>
> 거품 뭉개며 쏟아 내는 저 말들, 말들
>
> 강물처럼 휘돌던 세월
> 초록이 고이고 고여 가슴마저
> 현현玄玄해지던 팔월의 그 강
>   -「팔월의 강」 전문

> 구질구질한 건 질색
> 죽어도 모가지 팍 꺾고 따갈따갈 구를 뿐

피 한 방울 흘리지 않는
핏빛 사랑

서걱거리는 모래바람에도
북풍한설에도
자욱하나 남지 않는
사시사철 푸른빛 놓지 않고
한 번 붉게 피었다가
뚝!
뛰어내리는 것이다
동백이
　　　　－「동백」 전문

친정 간다고 나간 아내가
아침 잔디밭 모퉁이에 앉아 있다
재주도 없는 내게 시집와서 행여나
꽃밭에라도 앉아 볼까 했을 텐데
평생을 잡풀 속에서 하얗게 늙었다
그래도 아들딸 낳고 양지바른 곳에
자리 하나 장만했으니 행복이란다
내겐 둘도 없는 행운인데
　　　　－「토끼풀꽃」 전문

시 「팔월의 강」은 여름 강가의 풍경을 음미하는 시이다. 1연과 2연에서는 강가의 풍경이 아름답게 펼쳐진다. 3연에서 풍경이 갑자기 '말들'로 비약된다. 급기야 4연에서는 강물은 세월이 되고, 그 세월 속에 "초록이 고이고 고여 가슴마다 현현해지던(현묘하고 심오해지던) 팔월의 강"이라고 풍경의 의미를 주체가 해석하고 있다. 시 「동백」은 동백꽃의 열정적인 삶에 대한 예찬이다. 동백의 삶을 일컬어 핏빛 사랑이라 명명하고, 북풍한설에 한번 붉게 피었다가 뚝! 뛰어내리듯 지는 그 조촐함. 동백을 관조하며, 주체의 사유 속엔 동백과 같은 삶에 대한 짙은 선망이 깔려 있다. 시 「토끼풀꽃」은 단연 8행의 짧은 시다. 하얗게, 평범한, 볼품없는 토끼풀꽃은 자기 아내에 대한 비유이다. 토끼풀꽃처럼 볼품없는 아내이지만, 주관적으로는 가장 우아하고 아름다운, 행운을 가져다주는 꽃이다. 풍경이 객관성을 지향한다면, 주체의 의식은 주관적이다. 한 편의 시에 풍경과 주체가 함께 나타날 때, 전자는 후자의 자리를 만들어 주고, 후자는 전자에 의미를 부여한다. 그러기에 시에서 풍경과 주체는 상보적이다.
　이 시들은 한시로 치자면 전경후정의 시편들이다. 이 시들은 풍경만 나타난 시보다 주체와 대상과의 거리가 가깝다. 아마 시인께서 풍경의 제시만으로는 만족하지 못했던가, 아니면 주체의 의식이나 정서가 풍경 가운데 너무 도올하여 후정을 드러낼 수밖에 없는 것으로 보인다.

  셋째, 어떤 풍경은 주체의 극한 정서를 촉발한다. 대개 시인에게 통점으로 남아 있는 사랑하는 사람과의 이별이 여기에 해당한다. 이때의 풍경은 자연다움이 사라지고 변형된 풍경으로 그려진다.

>
> 숲속 초목들 운다
> 개복숭아 나무가
> 망개 넝쿨이
> 산수국 돌배나무
> 온몸 눈물범벅 되어 운다
> 체면 가식 다 버리고
> 한 번쯤 울어 보라고
> 천둥처럼 통곡해 보라고
>
> 회초리 자국 어루만지며
> 눈물 떨구시던
> 엄니 그리워서
> 숨어 우는 청개구리 곁에 서서
> 그렇게 울고 싶다
>   - 「비 오는 날」 전문

그때 단장천은 까마득했다
낮은 콘크리트 다리는 포장되지 않은
양쪽 한길을 붙잡느라 늘 지쳐 있었다

천변 늙은 모과나무 곁으로
직박구리, 곤줄박이, 박새, 물총새들
모여들면 물속은 한층 요란스럽고

밤엔 올빼미와 부엉이까지 찾아와
불을 켤 때면
반딧불이가 달빛과 함께 수면 위에
은하수 같은 수를 놓았다

단장천 콘크리트 다리에서
소년은 마지막 손을 흔들었고
그 후 한 번도 동거를 이루지 못했다

시간도, 강물도 흘러 흘렀어도
추억은 박제로 남아있다.
   -「어느 날·11」 전문

  시「비 오는 날」은 비가 내리는 숲속 풍경이다. 비가 내려 개복숭아, 망개 넝쿨, 산수국, 돌배나무 들이 비에 흠

뻑 젖었다. 그런데 주체가 어머니에 대한 이별을 떠올리는 순간, 이 풍경은 온통 눈물범벅이 되어 울고 있는 풍경으로 변모한다. 어떤 의식은 급격한 정서를 유발하며, 주체와 대상 간의 거리 확보의 실패로 인하여 풍경을 고착시킨다. 이것은 시 「어느 날·11」에서도 동일하게 나타난다. '엄마가 보고 싶었다'라는 부제가 붙은 이 시에서는 단장천 풍경이 나타나 있다. 2연, 3연의 단장천 풍경은 아름답기 그지없다. 늙은 모과나무가 있고, 직박구리, 곤줄박이, 박새, 물총새가 날고, 밤에는 올빼미와 부엉이, 반딧불이가 날았다. 이 아름다운 풍경은 과거완료형이다. 이 풍경은 어머니와의 이별이라는 현장성을 띠자 심각하게 왜곡되고 만다. 1연의 '까마득했다', '지쳐 있었다'와 4연의 '~지 못했다'라는 종결사와 마지막 연의 '박제로 남아있다'라는 부정적인 시적 반복은 아름다운 단장천 풍경이 변형된 모습으로 고착되었음을 볼 수 있다.

이처럼 어떤 풍경은 아픔으로 남아 있는 주체 의식과 만나면 여지없이 왜곡되는 경향이 있다. 다분히 주체 의식의 무거움, 숙명, 슬픔, 어두움 등이 풍경을 관조적으로 바라볼 수 없게 부단히 간섭한다. 이 경우 풍경과 주체와의 거리는 거의 밀착되어 있다. 다시 말해 시인의 무거운 자의식에 의해 왜곡된 풍경이다.

넷째, 풍경이 꼭 자연의 풍광만을 의미하지는 않는다. 더불어 살아가는 인간들의 모습도 하나의 훌륭한 풍경이다. 인간이 살아가는 모습을 그리는 시를 '일상성의 풍경시'라 이름 짓는다. 일상성이 잘 드러난 풍경시로는, 청풍호 주변의 아름다운 풍경 속에 시인들이 서로 모여 보여주는 서툴고 허무한 몸짓에 비하여 완벽한 노을의 아름다움이 장원이라는 시「백일장을 열다」, 신혼의 아내를 토마토에 비유하여, 토마토에서 건강한 에로스를 발견하는 시「아내가 토마토를 사오다」, 코로나19로 사람들이 마스크로 얼굴을 가리고 다니는 시「코로나19」, 귀에서 소리가 나는 이명 현상을 다섯 개의 은유적 풍경으로 표현하고 있는 시「이명」, 아내와 함께 간 병원에서 유행을 공유한 사람들과 함께 나누는 시「유행 타기」, 미장원에서 여자들의 파마하는 시간을 그린 시「파마하는 시간」 등이다. 이와 같은 시는 인간의 삶 자체가 풍경이 되는, 풍경시의 영역을 확장하는 시편들이다.

  다섯째, 견자로서 풍경을 바라보고 있는 주체가 풍경 속에 포함되는 풍경시도 있다. 주체는 '풍경 속의 나'로 등장한다. 시「묵상」은 내가 성찰하고 관조하는 작은 풍경이 주체가 묵상하는 큰 풍경 안에 담겨 있다. 시「나는 고양이로소이다」는 고양이가 있는 풍경 속의 나를 그리고 있다. 시「그때는」은 어린 시절, 부모님과 함께 행복했던 주체의 유년 시절이 풍경으로 담겨 있다. 시「쉰 즈음」은 대자연의 풍경 속에 주체의 숙고가 역시 큰 풍경이 되어 있다.

여섯째, 시 「가을비는 수직으로 내리지 않는다」의 문제이다. 이 시는 앞에 소개한 시와는 다를 뿐만 아니라, 이 시집 전체를 보더라도 한두 편에 불과한 이질적인 시편 가운데 하나다.

이 시를 이 시집에서 이질적이라고 말하는 것은, 그의 풍경시의 대상인 자연이라든가, 인간들의 삶의 모습, 주체의 모습까지도 한 폭의 풍경화에 담기기 위해서는 객관적이라는 암묵적인 질서를 견지하고 있는데, 이 시를 비롯한 한두 편은 그 질서의 편입을 거부하고 있기 때문이다. 이는 또 다른 풍경이다. 마치 그림에 구상과 추상이 있듯이, 객관성이 무너진 풍경이 주체 의식에 침투하고, 분열된 주체 의식은 풍경을 파편화시킨다. 주체의 의식은 숫제 무의식 차원이기에 독자와의 소통이 단절된 시편이 나타난다. 그 때문에 이것은 초현실주의와 같은 또 다른 유형의 풍경화이다. 시인이 실험성이 짙은 한두 편의 시를 이 풍경화의 앨범 속에 삽입시킨 듯하다. 그것은 그것대로 가치가 있겠다. 이 시는 이 시집의 주류에서 벗어나긴 했지만 앞으로 시인의 또 다른 행보가 기대되는 대목이다.

마지막 작업은 풍경을 바라보거나 풍경의 일부인 주체 분석이다. 주체는 풍경을 바라보는 견자이자 의식과 정서의 분출자이다. 시 「자화상」과 「지우개 똥」은 주체의 자기 분석에 해당한다. 시 「포스트잇」은 주체의 확장 개념으로 바람직한 우리의 이별 모습은 어떠해야 하는가에 대한 풍경 속 우리의 모습이다. 시 「피뢰침」도 역시 주체의 확장 개념으로 시인은 누구인가에 대한 풍경 속 시인의 모습을 그리고 있다. 이 가운데 아름다운 시 「자화상」 전문을 보기로 하자.

> 조각구름들 작은 섬이라면
> 여기 나는 작은 돌고래
> 슬픔을 분수같이 토해 내는
> 진화하지 못한 포유류
> 억만년 원죄 어쩌지 못하는
> 아가미도 없는 물고기
> 힘찬 유영으로도 닿지 못하는
> 본능의 대륙붕 너머 마른 모래톱
> 비늘 털어 내고 지느러미 잘라 내고
> 뭍으로 기어오를 그 날에
> 선혈처럼 붉은 해당화
> ―「자화상」 전문

이 시는 주체가 주체를 응시하는 시로, 이 시집 전체 분위기를 파악하는 데 대단히 유용하다. 우리가 시인의 진술을 신뢰할 수 있다면, 주체의 발언을 통해 이 시의 풍경 속에 담긴 시인의 정서를 심도 있게 끄집어낼 수 있다.

  시인은 하늘을 바다로, 조각구름을 작은 섬으로, 자신을 바다를 유영하는 작은 돌고래로 비유하고 있다. 이 작은 돌고래는 슬픔 같은 분수를 토해 내며, 억만년 원죄를 지니고 있으며, 아가미도 없는 물고기이다. 돌고래는 힘찬 유영으로도 대륙붕같이 놓여 있는 본능적 욕망과 인간적 굴레를 벗어나지 못하고 붉은 해당화가 피어 있는, 자신이 꿈꾸는 세계에 가 닿지 못함을 운명적으로 직감한다. 돌고래는 결코 해당화 핀 모래톱에 가 닿지는 못하지만, 오늘도 아름다운 유토피아를 꿈꾸며 끊임없이 유영한다. 시인은 '시인의 말'에서 "시가 세상의 꿈이고 희망이었으면 했다"라고 말했다. 결론적으로 그의 시의 풍경들은 시인이 꿈꾸는 희망의 세계이며, 시인이 돌고래처럼 끊임없이 유영하며 가 닿고자 소망하는 유토피아다.

우리詩 시인선 077
어느 날 찾아온 풍경들의 기억

1판 1쇄 발행 2023년 5월 20일
지은이 남대희
발행인 홍해리
펴낸곳 도서출판 우리詩 움
등록번호 제2021-000015호
등록일자 2021년 5월 20일
주소 01003 서울시 강북구 삼양로159길 64-9
전화 02)997-4293
이메일 urisi4u@hanmail.net
ISBN 979-11-976052-9-1(03800)

값 10,000원

* 잘못된 책은 바꾸어 드립니다.
* 지은이와 협의하여 인지를 생략합니다.
* 이 책의 판권은 지은이와 도서출판 우리詩 움에 있습니다.
* 이 도서의 국립중앙도서관 서지정보유통지원 시스템 홈페이지(http://seoji.nl.go.kr)와 국가자료공동목록시스템(http://www.nl.go.kr/kolisnet)에서 이용 하실 수 있습니다.
* 이 책은 충청북도, 충북문화재단의 후원을 받아 문화예술지원 사업의 일환으로 발간되었습니다.